DISCOURS

SUR LA VIE POLITIQUE ET PRIVÉE

DE A.-P. DE LAROCHEFOUCAULD,

DUC DE DOUDEAUVILLE.

Paris. — Typographie SCHNEIDER et LANGRAND, rue d'Erfurth, 1.

A. P. de La Rochefoucauld

Duc de Doudeauville,

Président de la Société pour l'instruction élémentaire.

DISCOURS

SUR LA VIE POLITIQUE ET PRIVÉE

DE

A.-P. DE LAROCHEFOUCAULD,

Duc de Doudeauville,

PRÉSIDENT DE LA SOCIÉTÉ POUR L'INSTRUCTION ÉLÉMENTAIRE,

PRONONCÉ

A l'Assemblée générale de la Société pour l'instruction élémentaire, le 5 juin 1842

PAR

F. DEMOYENCOURT,

Chef d'institution, chevalier de la Légion-d'Honneur,
l'un des secrétaires de la Société.

PARIS,

CHEZ COLAS, LIBRAIRE, Mme Vᵉ MAIRE-NYON, LIBRAIRE,
Rue Dauphine, 32.   Quai Conti, 13.

1842

DISCOURS

SUR LA VIE POLITIQUE ET PRIVÉE

DE A.-P. DE LAROCHEFOUCAULD,

Duc de Doudeauville.

MESSIEURS,

Après les éloges donnés à M. le duc de Larochefoucauld-Doudeauville dans presque toutes les feuilles périodiques, après le discours éloquent prononcé au Conservatoire des arts et métiers, le 21 novembre dernier, par M. le baron Charles Dupin, il y a quelque témérité à moi de venir vous raconter la vie si pleine, si pure, si honorable, si respectée de cet homme de bien, qui partagea vos travaux pendant un quart de siècle, et qui, il y a deux ans (1) encore, présidait cette assemblée. En acceptant cette mission, j'ai voulu répondre à la confiance dont vous m'avez honoré; j'y ai trouvé l'occasion de payer à notre illustre président une dette personnelle de cœur et d'affection, et j'ai été soutenu dans mon travail par cette pensée, qu'il ne pouvait exister trop d'échos de l'admiration et de la reconnaissance publique. Puissé-je me montrer aujourd'hui, Messieurs, le digne interprète de vos sentiments! puissé-je ne pas rester au-dessous de la tâche honorable que vous m'avez confiée!

Il est des hommes qui, par leur probité, leurs vertus publiques et privées, leur prudence et leur sagesse dans l'exer-

(1) Le 4 juin 1840.

cice des hautes fonctions auxquelles ils sont appelés par le prince ou par le pays, savent mériter également l'estime et la vénération de leurs concitoyens, à quelque opinion politique ou religieuse qu'ils appartiennent ; amis sincères de leur patrie, c'est à la servir utilement que tendent tous leurs efforts. Heureux les peuples qui possèdent ces citoyens précieux que l'école des malheurs publics a éclairés, auxquels leur âge a permis de traverser les révolutions, et qui, spectateurs des excès de tous genres dont ils ont été les témoins ou les victimes, ont acquis cette expérience qui doit tourner un jour au profit de leurs concitoyens !

De tels hommes appartiennent à la postérité, chacun veut les connaître pour bénir leur mémoire ; c'est pourquoi vous avez voulu, Messieurs, qu'une notice biographique du parent et de l'ami de l'illustre et bien révéré duc de Larochefoucauld-Liancourt prît place dans votre *Bulletin*, à côté de celles des Montègre, des abbé Gaultier, des Liancourt, des Montmorency, des Basset, des Jouvencel, des Cochin, des Choiseul-Praslin, des B. Wilhem, dont il partagea si longtemps les travaux au sein de votre Société.

Ambroise-Polycarpe de Larochefoucauld, duc de Doudeauville, naquit à Paris le 22 avril 1765. Il sortait de cette illustre famille des Larochefoucauld, l'une des plus anciennes qui figurent si honorablement dans l'histoire de notre pays. Tout jeune encore, il comprenait qu'il avait un grand nom à soutenir. « La fortune, dit M. Charles Dupin, l'avait dès le berceau « comblé de tels présents, qu'il eût pu s'abstenir comme tant « d'autres grands seigneurs de rien mériter par lui-même, sans « éviter par là d'arriver à tout ; » cependant il préféra ne devoir qu'à *son mérite personnel sa véritable grandeur*. Ami du travail et doué naturellement de ces heureuses dispositions dont il devait faire un jour un si noble usage, le jeune Larochefoucauld fit, au collége d'Harcourt, à Paris, des études brillantes, et telle était sa facilité et les soins donnés à son in-

struction, qu'il terminait l'étude de la langue latine à un âge
(12 ans) où nous commençons tous, pour la plupart, à en
balbutier les premiers rudiments. A cet âge, suivant l'usage
des grandes familles de cette époque, il fut fiancé à mademoiselle de Montmirail, et prit dès lors le titre de duc de Doudeauville. Cette facilité de style que l'on commençait à re-
marquer en lui le portait parfois à s'essayer dans de petites
compositions en vers qui, tout peu poétiques qu'elles étaient,
lui permettaient cependant de laisser voir tout le fond de sa
belle âme. Avec ses amis, avec son prince même, il pensait
tout haut; dans son cabinet, dans sa retraite, pendant ses
heures de loisir ou de souffrance, il pensait en vers.

Il ne connaissait pas sa fiancée, et cependant, quand il sut
que son mariage *était arrangé*, comme il le dit lui-même, il lui
adressa quelques quatrains, dont deux seulement ont été con-
servés écrits de sa main, et que nous transcrivons ici avec la
petite note qui les précède.

« Quatrains faits à l'âge de 12 ans pour mademoiselle de
« M..., avec qui mon mariage était arrangé, et que je ne con-
» naissais pas encore :

Je ne vous connais pas, et j'en suis plus heureux ;
Pour peu que je vous visse, adieu ma pauvre tête !
Je suis encore enfant, et c'est assez fâcheux,
Sans que vous me plongiez en enfance parfaite.

Apollon à la chasse avait perdu sa sœur ;
Il la cherchait partout : elle était sage et belle.
En vous apercevant, charmé de son bonheur,
Il ne la chercha plus ; il vous prenait pour elle.

Ces premiers essais de ses premières années lui valurent
quelques petits succès qui l'encouragèrent à employer ainsi
ses loisirs, mais dans l'intimité de la famille seulement, et,

pour obliger ses amis; il se plaisait à recueillir ses petites piè-
ces rimées, qu'il ne dédaigna pas même aux derniers moments
de sa vie, mais sans y attacher la moindre importance.

Dès l'âge de 16 ans, il embrassa la carrière des armes, et
sut concilier son goût pour le travail avec la fréquentation de
la société, qui le maintint dans ces habitudes d'urbanité, de délicatesse, de formes élégantes qu'il devait à sa première éducation, et qui donnaient tant de charme à son commerce.

Entré de bonne heure dans les affaires publiques, le jeune
duc ne tarda pas à se concilier l'estime de tous les gens de
bien. Il fut doux et affable dans ses rapports d'homme privé,
pieux et tolérant dans ses croyances religieuses, noble, généreux et dévoué à son pays dans sa vie politique.

Il entrait à peine dans sa vingt-cinquième année quand l'ho-
rizon politique, commençant à s'obscurcir, nous présageait les
orages qui allaient fondre sur la France. Déjà les masses populaires commençaient à s'agiter, déjà la noblesse française se
voyait dépouillée de ses titres héréditaires, déjà la monarchie
chancelante se réfugiait au sein de l'assemblée législative, et
les princes, accompagnés des gens de la cour, cherchaient à
l'étranger un refuge qu'ils n'espéraient plus rencontrer dans
leur pays. C'est ici que commence la vie politique du jeune
duc de Doudeauville. Tous ses amis s'étaient dispersés, et,
abandonnant leur patrie, ils avaient cru devoir aller chercher
aide et protection dans les armées étrangères. Le jeune Doudeauville ne partagea ni leurs craintes ni leurs espérances; il
croyait à la possibilité de servir encore son pays en restant
fidèle à son roi, et, pendant un an, il résista à toutes les instances qui le pressaient de s'expatrier. Cependant il fut forcé
de céder, et s'éloigna à regret du sol qui l'avait vu naître. Plein
d'espoir de parvenir à délivrer l'infortuné Louis XVI, il prit
du service dans l'armée que le prince de Condé rassemblait
sur les bords du Rhin; mais il s'indignait à la pensée de servir d'instrument aux puissances étrangères. Et quand il s'a-

perçut que, sous prétexte de relever la monarchie française, les étrangers ne travaillaient que dans leur propre intérêt, qu'ils ne cherchaient à mettre le pied sur le sol de sa patrie que pour la démembrer ou l'asservir, Doudeauville remit l'épée dans son fourreau, et quitta l'armée où il avait pensé que l'honneur lui faisait un devoir de se rallier à tout ce que la noblesse française comptait d'hommes dévoués à l'infortuné monarque, et il chercha dans la culture des sciences et des lettres les consolations dont il avait besoin. L'Allemagne, l'Angleterre, l'Italie, la Suisse, le virent tour à tour proscrit et fugitif, mais libre et indépendant, ne demandant à l'étranger que ce que l'étude et les progrès des sciences et des arts accordent à tout voyageur avide de s'instruire. Il nourrissait la noble pensée de faire jouir un jour ses compatriotes du fruit de ses recherches.

Il errait ainsi depuis 1794, lorsque le rappel des émigrés lui permit de rentrer dans sa terre natale, qu'il n'avait jamais désespéré de revoir un jour. Bientôt le premier consul lui offrit un poste honorable auprès de sa personne et dans son palais; mais Doudeauville, trop dévoué au prince dont il déplorait la perte toujours récente pour accepter les faveurs du nouveau chef de l'État, préféra vivre dans la retraite au sein de sa famille. Cependant, cinq ans après, en 1805, son amour pour son pays, le besoin qu'il éprouvait de lui être utile, lui permit de faire violence à la résolution qu'il avait prise, en rentrant en France, de rester étranger aux affaires publiques. Il fut élu membre et président du conseil général du département de la Marne; le suffrage unanime de ses concitoyens réchauffa son cœur et lui fit concevoir la possibilité de leur rendre quelques services, et dès lors il travailla activement à se montrer digne de la confiance qu'on lui avait accordée; et pendant trente-six ans, c'est-à-dire jusqu'à sa mort (2 juin 1841), il ne cessa de faire partie de ce conseil, où il avait trouvé une nouvelle occasion de se concilier l'estime générale.

Paisible spectateur des grandes actions de l'empire, il applaudissait à la gloire de son pays sans cesser de regretter la dynastie à laquelle il avait engagé ses premiers serments. Cependant l'astre qui présidait aux destinées de la France commençait à pâlir ; nos armées si souvent victorieuses n'avaient pu résister à toutes celles de l'Europe, réunies pour les opprimer ; forcés de céder au nombre, nos soldats se reployaient sur la France, réduits qu'ils étaient à en défendre les frontières. Déjà, du fond de son château de Montmirail, le noble duc gémissait de voir la Champagne en proie aux étrangers ; il prévoyait la fin de cette période si brillante, si glorieuse, si féconde en grands événements, et il voyait le temps où le génie de la gloire devait faire place à cette ancienne dynastie qu'il appelait de ses vœux, sans rien faire cependant pour en hâter le retour. Il gémissait, toutefois, que la France achetât son repos au prix de la profanation de son territoire ; il aurait voulu ne devoir qu'à la Providence un nouvel ordre de choses, auquel l'étranger avait pour lui trop de part. Il salua, néanmoins, avec attendrissement le retour des Bourbons ; il y voyait à la fois le retour de ses sympathies, et il espérait surtout des jours plus heureux pour la France.

Rappelé à la cour du roi Louis XVIII, il rentra en possession de ses anciens titres et de ses honneurs.

En 1814, il fut nommé commissaire extraordinaire du roi dans la 2ᵉ division militaire, à Mézières ; puis pair de France le 4 juin de la même année. Lorsqu'en 1815, Louis XVIII se vit forcé de quitter la France, le duc de Doudeauville se réunit aux membres de l'Association paternelle des chevaliers de Saint-Louis, pour faire offre de ses services contre les ennemis qui menaçaient les Bourbons. Rentré en France après les cent jours, il fut nommé inspecteur général des gardes nationales du département de la Marne. En 1816, il fut appelé à la présidence de la commission ayant pour but la réorganisation de l'école polytechnique. Trop nationale pour voir sans une émotion profonde l'étranger fouler le sol de la patrie, cette illustre école, qui comptait au nombre de ses fondateurs Monge, Bertholet, etc., etc., avait eu le tort impardonnable de défendre, en 1814, les buttes Saint-Chaumont, et de reprendre ses armes aux cris de : *Vive l'empereur!* en 1815. Elle avait dû subir les conséquences de sa témérité, et pour récompense de tant de dévouement, cette célèbre institution avait été détruite et les élèves licenciés, à la demande de quelques insensés puissants qui, fiers de leur retour au pouvoir et manquant de cette modération dont les Doudeauville et les Montmorency montrèrent l'exemple, ont rendu de si mauvais services à cette période qui reçut le nom de restauration.

Mais le duc de Doudeauville comprenait trop bien l'utilité de cette institution ; aussi en fut-il un des plus ardents défenseurs.

Membre assidu de la chambre des pairs, il se montra toujours le partisan des opinions qui avaient pour objet de soutenir le pouvoir pour le fortifier ; car il ne comprenait le pouvoir que comme indispensable à la force et à la tranquillité du pays, et il ne pouvait entrer dans sa pensée que jamais le pouvoir pût servir à opprimer une nation libre et généreuse, qui n'avait besoin que d'être dirigée par une main habile pour se maintenir, pendant la paix, dans les sentiers glorieux qu'elle avait si constamment suivis jusqu'alors, malgré le tumulte des camps et les désastres de la guerre.

Nommé directeur général de l'administration des postes par ordonnance du roi du 26 septembre 1822, il apporta dans ce service plusieurs des améliorations réclamées par les nouveaux besoins de la société. Chaque emploi occupé par le noble duc était pour lui une occasion de se signaler par l'accomplissement des bonnes œuvres, et c'était le but de toutes ses pensées, de toute sa vie.

Quelque soin qu'il prît de cacher à la main gauche le bien qu'il faisait de la droite, ses bienfaits ne pouvaient rester long-

temps ignorés ; l'indiscrète reconnaissance publique se char-
geait du soin de trahir ses secrets.

Qui de vous, Messieurs, ne se rappelle pas avec bonheur
l'usage qu'il fit de son pouvoir dans l'administration des postes
pour sauver la vie au jeune sous-officier de cavalerie *Louis
Bussière?* Ce jeune homme, honnête d'ailleurs, et sur la conduite duquel il n'avait jamais été donné que des éloges pour sa
docilité, son amour du travail et la conduite régulière qui le
recommandait à tous ses chefs ; ce jeune homme, dis-je, avait
été condamné à la peine de mort pour avoir frappé un lieu-
tenant de sa compagnie, homme peu considéré, et qui avait
en quelque sorte poussé Bussière à cet oubli de ses devoirs,
que les lois militaires ne pardonnent pas, et qu'elles ne sau-
raient d'ailleurs punir trop sévèrement. Tant de recomman-
dations personnelles intéressent en faveur de Bussière
Mgr l'évêque d'Angers, qui demande au roi Louis XVIII et
obtient sa grâce. C'était le mercredi 23 juin, et Bussière devait être exécuté le 25, à trois heures et demie du matin, à
Angers. Le moindre retard dans l'arrivée de la grâce royale
pouvait perdre ce jeune homme ; point de télégraphes sur la
route de Paris à Angers, point d'estafettes à expédier sans
l'ordre du directeur général, et c'était au milieu de la nuit !
N'importe, tous les fonctionnaires de l'administration con-
naissent l'humanité du bon duc, et sans s'arrêter aux consi-
dérations du grand âge de leur chef, de son état maladif, de
l'heure avancée de la nuit, on arrive jusqu'au chevet du duc,
on lui raconte en peu de mots ce dont il s'agit. Il bénit la Providence de l'occasion qu'elle lui envoie de joindre une bonne
œuvre à toutes celles qui lui attirent les bénédictions de tous,
et sautant en bas de son lit, il s'habille à la hâte, se fait con-
duire à l'hôtel des postes pour y organiser lui-même un service d'estafettes. Un des commis les plus intelligents se rend
bientôt à son cabinet, et le noble duc, sans perdre de temps
en paroles inutiles : « Il y a trente-sept postes, lui dit-il, de

« Paris à Angers par la route du Mans ; voilà 57 louis que
« vous ferez tenir de poste en poste au directeur d'Angers, à
« qui je vais écrire pour qu'il fasse remonter et distribuer ces
« 57 louis par le premier courrier de retour à tous les postil-
« lons qui auront porté votre pàquet diligemment. Partez
« bien vite, ne manquez pas d'annoncer la chose au premier
« relais, pour que tous les courriers de la même route en
« soient prévenus de l'un à l'autre ; et si vous organisez bien
« l'affaire, si la dépêche arrive à temps à M. le procureur
« général DELAMALLE, il y aura 100 écus de gratification pour
« vous. » Tout fut exécuté comme il avait été ordonné, et la
grâce de Bussière arriva à M. le procureur général, à Angers,
le jeudi 24, à onze heures et demie du soir. Ce fait n'a pas
besoin de commentaires ; il n'est pas besoin de dire non plus
que les 57 louis ne figurèrent jamais au budget de l'administration.

Trop grand pour tenir compte de ces mesquines suscepti-
bilités politiques qui admettaient les dénominations de *roya-
listes* et de *bonapartistes*, au lieu de ne voir en France que
des Français dans les paisibles citoyens attachés plus ou moins,
les uns aux souvenirs de l'empire, les autres au nouvel ordre
de choses, mais tous, et par-dessus tout, sincèrement amis de
leur pays, M. le duc de Doudeauville ne demandait d'autres ga-
ranties à un homme que sa probité, que ses vertus ; elles
lui suffisaient quand il trouvait une occasion de secourir le
malheur.

En 1817, un officier de la grande armée, d'abord mis à la
demi-solde, puis réformé, remplissait un petit emploi dont le
traitement, quoique minime, lui suffisait pour subvenir à ses
besoins et à ceux de sa vieille mère. Accusé de bonapartisme,
il est privé de son emploi, et, avec sa place, il perd toutes ses
ressources (zèle indiscret, imprudence funeste dont les exem-
ples trop multipliés ont imprimé aux hommes et à l'administration de cette époque un sceau de réprobation dont on ne se

souvint que trop en 1830) ! Le bon duc apprend la détresse de
ce brave militaire, dont tout le crime était d'avoir un cœur
généreux et reconnaissant ; il le mande auprès de lui, l'inter-
roge avec bonté, partage sa sollicitude sur le sort de cette pauvre mère, et le congédie après avoir répandu sur le cœur de
cette infortunée victime d'une basse et lâche délation le baume
consolateur de l'espérance.

Mais le duc ne s'en tient pas à des paroles de consolation ; il
sollicite et obtient du roi, pour son protégé, une perception de
contributions. Aussitôt d'en avertir le brave officier ; mais, nouvel obstacle. « Je ne puis accepter cette faveur, lui dit l'officier
en venant le remercier ; avant d'exercer cette fonction, il faut
que je dépose un cautionnement ; et, comme vous le savez, un
soldat ne fait guère d'économies. — Qu'à cela ne tienne, » ré-
pond Doudeauville ; et il lui fit remettre, à titre de don, la
somme nécessaire à ce cautionnement.

De toutes les hautes fonctions auxquelles le duc de Doudeauville fut appelé par la confiance de son souverain, le poste
éminent de ministre de la maison du roi fut sans contredit celui
qui convenait le mieux à ses goûts et à ses études. Nul n'était
plus apte que lui à s'acquitter de cette haute mission, toute de
confiance, qui plaçait entre ses mains une des plus belles attributions de la royauté, celle de récompenser le mérite, de soulager le malheur, d'encourager les beaux-arts, de protéger
l'industrie et d'en étendre les limites.

Dispensateur des bienfaits du prince, il le faisait bénir de
toutes les familles honorables, mais nécessiteuses, qui, n'osant
s'adresser à la bienfaisance publique, ne craignaient pas d'exposer leurs malheurs à un ministre à qui l'infortuné ne s'a-
dressait jamais en vain. Que d'anciens serviteurs, que de veuves, que d'orphelins, que de vieillards n'a-t-il pas secourus,
avec cette grâce qui double le prix du bienfait ! que d'artistes,
que de savants, que de gens de lettres ont trouvé auprès de lui
secours et protection, et, ce qui souvent était bien plus pres-

sant encore, un soulagement à la misère, triste compagne du talent !

Ses voyages, son séjour en Angleterre et en Allemagne lui avaient révélé les secrets de la belle culture. L'éducation des bêtes à laine et celle des vers à soie, source si féconde de richesses pour l'industrie, avaient fait longtemps l'objet de ses méditations. Il enviait à nos voisins une gloire qu'il était jaloux de joindre à toutes les gloires de son pays ; et son premier soin, en acceptant l'administration des deniers de la liste civile, fut d'en affecter une partie à l'encouragement de l'agriculture. Le roi Charles X applaudit aux vues *ambitieuses* de son ministre, comme il se plaisait à le dire, et, en 1826, fut fondée la maison royale de Grignon, véritable école normale d'agriculture d'où sont sortis tant d'hommes spéciaux qui rendent aujourd'hui des services signalés à cette noble industrie, que le vénérable duc de Liancourt releva dans l'esprit des populations en s'honorant du titre de cultivateur. Mais le ministre ne se borna pas à mettre gratuitement à la disposition de ce précieux établissement un domaine qui n'avait pas coûté moins d'un million à la liste civile ; il voulut contribuer lui-même au succès de son œuvre, et accepta la présidence du conseil d'administration de cet institut célèbre, qui lui doit et sa création et ses succès toujours croissants.

Rien ne lui coûte pour importer en France la race précieuse des moutons à longue laine, dont la toison faisait la réputation des tissus de nos voisins d'outre-mer ; et bientôt des troupeaux tirés à grands frais de l'Angleterre, et naturalisés dans nos climats par les soins de nos cultivateurs les plus éclairés, nous permettent de soutenir toute concurrence par la richesse autant que par la variété de nos tissus.

La belle ménagerie établie dans le domaine royal des bergeries de Sénart lui doit encore une partie de ses succès. C'est lui qui en facilita l'établissement, et contribua puissamment ainsi à faire concevoir la possibilité d'acclimater en France, même dans les régions septentrionales, cet insecte précieux dont la Chine posséda longtemps le monopole, et que les peuples d'Italie semblaient avoir importé en Europe pour s'en réserver les bénéfices.

Enfin, pour ne parler que des principales attributions de son ministère, empressons-nous de dire que les beaux-arts n'eurent pas moins de part à sa protection et à ses encouragements que notre agriculture : les artistes concoururent à la restauration ou à l'embellissement des diverses maisons royales, et la belle collection des antiquités égyptiennes, qui forme aujourd'hui au Louvre le Musée égyptien, redira que le duc de Doudeauville, membre et président du conseil de perfectionnement de l'école polytechnique, a voulu continuer l'œuvre de nos savants de la commission d'Egypte et perpétuer le souvenir de cette grande et belle expédition en rassemblant dans une même collection, pour en faire un noble et précieux monument, toutes ces antiquités rapportées à diverses époques du pays des Pharaons, de la terre classique des arts et des sciences.

Toujours guidé par cet amour du bien qui était la base de sa conduite, le noble duc ne comptait pas s'en tenir à ces premiers travaux ; il était du nombre de ceux qui pensent qu'il n'y a rien de fait quand il reste encore quelque chose à faire ; son infatigable activité donnait encore les plus belles et les plus consolantes espérances : un jour seul, un moment a tout détruit ! et, le 29 avril 1827, le ministre était rentré dans cette vie privée qui fit toujours ses délices, et où tout ce qui l'entourait lui offrait tant de charme et de bonheur.

C'est ici, Messieurs, qu'apparaît dans tout son éclat cette grandeur d'âme, cette noblesse, cette élévation de sentiments qui, jusqu'alors, ne s'étaient fait connaître que sous les dehors affables et gracieux de l'homme de cour. Ami sincère de son roi, il ne craint pas de lui dire la vérité. Il a combattu longtemps, dans le conseil des ministres, une mesure *aussi fausse que violente, et qui en annonce et en amènera d'autres de même nature qui pourront être funestes.* Malgré ses efforts, malgré sa protestation énergique, la mesure est adoptée ; il en calcule d'avance toutes les conséquences pour la royauté, pour le pays ; mais il se flatte encore que cette œuvre, conçue dans un moment d'irritation, n'obtiendra pas l'assentiment du roi ; il se rappelle toutes les marques d'affection données à Charles X en toutes circonstances par cette garde civique qui compte ses services par son dévouement et ses sacrifices. C'est toute la ville de Paris que le roi vient de passer en revue ; ce sont quarante mille citoyens qui viennent de se parer du costume national pour se présenter à la visite de leur prince : leurs armes étaient brillantes, leurs acclamations vives et animées. La sympathie entre le roi et sa bonne ville de Paris s'était hautement manifestée, et le roi avait complimenté cette belle milice citoyenne ; et cependant, le lendemain matin, le *Moniteur* annonce le licenciement de la garde nationale de Paris. Ainsi, *la ville de Paris, qui, depuis quarante ans, a toujours décidé du sort du royaume,* a perdu en une soirée l'affection de son roi pour avoir eu l'imprudence, blâmable sans doute sous les armes, mais que les circonstances pouvaient excuser, d'avoir fait parvenir jusqu'aux oreilles du chef de l'État l'expression de ses sentiments ; ainsi, *quarante mille mécontents* succèdent à autant de citoyens dévoués ! Cette pensée afflige le noble duc ; *il est trop dévoué à son roi pour vouloir partager une telle faute, pour vouloir y contribuer ; et quoi qu'il lui en coûte de s'éloigner de son roi, il veut lui donner une dernière preuve de son zèle, de son attachement et de son respect, et il le prie d'accepter sa démission.* Grande et sublime détermination qui lui a fait trouver dans l'estime universelle une ample compensation aux charmes d'un pouvoir qu'il n'avait accepté que pour être à portée de faire du bien.

Que deviendront ces armes laissées aux mains de quarante mécontents ? L'ex-ministre vous l'a fait pressentir, Messieurs, dans la lettre (1) pleine de noblesse et d'énergie qu'il adressa à son souverain, et les trois journées de juillet 1830 ont justifié ses appréhensions et vérifié sa prédiction.

Ici se termine en quelque sorte la vie politique de M. le duc de Doudeauville. Il continua cependant de participer aux travaux de ses collègues à la chambre des pairs; mais la révolution de juillet venait de renverser un roi qui serait mort sur le trône s'il avait toujours été servi par des ministres aussi honnêtes, aussi modérés, aussi prudents, aussi courageux et aussi amis de leur prince que le courageux ministre de la liste civile. Le duc de Doudeauville assista au procès des ministres; il fut heureux de voir cette garde nationale, si peu appréciée, si outrageusement calomniée trois ans auparavant, maintenir l'ordre, protéger la liberté des débats de la cour des pairs, et garantir des fureurs populaires les trop célèbres prévenus que la justice seule devait frapper. Il proposa à la chambre que des remercîments publics lui fussent votés, puis il garda le silence.

(1)   Sire :

« Moi aussi j'aime la force et la fermeté; mais il ne suffit pas de frapper fort, il faut frapper juste. Or, la mesure que vos ministres viennent de prendre est aussi fausse qu'elle est violente; d'ailleurs elle en annonce et en amènera d'autres de même nature qui pourront être funestes, et auxquelles je ne veux pas prendre part.

« N'est-il pas impolitique de faire perdre à Votre Majesté l'affection de la ville de Paris, qui depuis quarante ans a toujours décidé du sort du royaume?

« N'est-il pas imprudent de faire quarante mille mécontents, auxquels on est obligé de laisser quarante mille fusils?

« N'est-il pas maladroit et coupable de faire croire à la France, à l'Europe, que Charles X, qui mérite si bien l'amour de ses sujets et qui en a reçu hier tant de témoignages, n'en est point aimé?

« Pour moi, je lui suis trop dévoué pour vouloir partager une telle faute, pour vouloir y contribuer, et quoi qu'il m'en coûte de m'éloigner d'un si bon roi, je le prie d'accepter ma démission. J'espère qu'il verra, dans ce sacrifice, une preuve de plus de mon zèle, de mon attachement et de mon respect.

« J'ai l'honneur, etc.

                              « Le duc DE DOUDEAUVILLE. »

Il ne pouvait, à la fin de sa carrière, s'engager par de nouveaux serments, lui qui, jeune encore, avait su rester fidèle pendant vingt-cinq ans au seul qu'il eût jamais prêté. C'est que, religieux par conviction comme il était fidèle par principe, il comprenait tout ce qu'il y a de grave, de solennel dans un serment ; bien différent en cela de tant de ses contemporains, pour qui le serment n'était qu'une simple formalité. Il ne pouvait plus rester à la chambre des pairs, et, après avoir pris pour la dernière fois la parole en faveur de l'hérédité de la pairie, il donna sa démission au mois de janvier 1832, et rentra, pour n'en plus sortir, dans la vie privée, où il reprit ses douces habitudes de soulager l'infortune et de seconder de son crédit et de son nom toutes les entreprises qui avaient pour objet le bien-être de l'humanité ou la gloire de son pays.

Nous venons de vous exposer rapidement, Messieurs, la vie politique de M. le duc de Doudeauville, et vous l'avez trouvé toujours semblable à lui-même à toutes les époques de cette partie de sa vie : plein d'ardeur pour l'étude dans son enfance, noble et généreux dans sa jeunesse, ami du travail en tout temps, toujours fidèle à son prince et à ses convictions politiques sans cesser d'être l'ami de son pays, poli et affable avec tout le monde, bienfaisant envers les malheureux, juste quand il avait à récompenser le mérite, ferme et inébranlable au sein du conseil quand il s'agissait de combattre des mesures funestes, grand, noble et courageux auprès de son roi, à qui il ne craignait pas de dire la vérité, en un mot, comme il le disait lui-même, homme de cour, et cependant *n'ayant jamais fait la cour qu'à sa conscience.*

Suivons-le maintenant dans sa vie privée, plus admirable encore que sa vie politique ; c'est là que nous le verrons, comme le dit si justement l'un de nos honorables collègues, M. Camille Paganel, « consacrant au soulagement de toutes les souffrances, « à la propagation de toutes les doctrines morales et du trésor

« évangélique chaque instant des loisirs que sa scrupuleuse
« loyauté lui avait faits. »

Né au sein des grandeurs et de l'opulence, le duc de Doudeauville vit s'écouler dans la félicité la plus parfaite les vingt-
cinq premières années de sa vie ; rien ne manquait à son bonheur, et, comme il le dit lui-même dans ses petites pensées
en vers :

> Pour mon bonheur, époux presque en naissant,
>   Père chéri quand on n'est qu'un enfant ;
> Entre une femme aimée, une fille charmante,
> Une mère parfaite, une sœur excellente,
> De sensibles parents, de sincères amis,
> Mes jours coulaient joyeux, sans soins et sans soucis.
>
> . . . .
>
> . . . .
>
> Heureux au sein des miens, à mes foyers fidèle,
> Entouré, caressé par mes jolis enfants,
> J'offrais à l'œil surpris l'image assez nouvelle
> D'un grave patriarche âgé d'au moins vingt ans.

Mais trop tôt il comprit que le ciel n'est pas toujours sans
nuages, que la fortune est inconstante ; aussi en éprouva-t-il plus
profondément les rigueurs. Mais laissons-le parler encore :

> Nous osions défier les coups de la fortune ;
> Tels de légers roseaux, faibles séparément,
> Résistent à l'orage unis étroitement.
> Hélas ! pour se venger la perfide déesse,
> Qu'on adore toujours, qui nous trompe sans cesse,
> Imprimant à sa roue un cruel mouvement,
> Bien vite a fait passer ma pauvre âme éperdue
> De l'excès du bien-être à l'excès du tourment.
>
> . . . .
>
> . . . .
>
> Noble, je su s sans nom ; riche, sans une obole
>   Sensible, sans amis ; égaré, sans boussole ;

De passable officier, fait très-mauvais soldat,
A Dieu je me dévoue, à mon prince, à l'État ;
Pour eux je suis proscrit, fugitif, ruiné.

. . . .

. . . .

N'avais-je donc goûté le suprême bonheur
Qu'afin de mieux sentir tout le poids du malheur !
Fortune, ...
Tu m'as tout enlevé : plaisirs, honneurs, richesse.
Ces soutiens du souffrant, le sommeil, le repos ;
Le consolant espoir, seul remède à mes maux,
Tout enfin..... ma famille, objet de ma tendresse !
N'est-ce donc pas assez ?... Pour comble de rigueur,
Cruelle ! en m'ôtant tout, tu m'as laissé mon cœur !

Instruit à l'école du malheur, il comprit mieux encore la condition des malheureux. Aussi sa première pensée, quand il rentra dans sa patrie, fut-elle de réaliser ses grandes vues philanthropiques en faveur des classes indigentes ; et ce fut une des principales et des plus chères occupations de sa vie privée.

Ce fut à Montmirail qu'il fit, pour ainsi dire, hommage de ses premiers bienfaits, et comme le dit avec autant de justesse que d'élégance M. le baron Charles Dupin : « Dans ce canton de « Montmirail, où s'élevait le château, où s'étendaient les vastes « possessions de la duchesse de Doudeauville, le duc, par une « délicatesse pleine de bon goût et de grâce, s'imposait la loi « de n'être bienfaisant qu'au nom, je dirais presque au béné- « fice de celle qui partageait avec bonheur ses plus généreux « sentiments. »

Ce fut donc *au nom de celle qu'il était avant tout heureux de faire aimer* qu'il fonda l'hospice de Montmirail et une école gratuite, et contribua aux frais de leur dotation.

Hospices et *écoles* !.. ces deux mots, auxquels j'ajouterai celui d'*industrie*, forment en quelque sorte la devise qu'il a prise pour règle de ses bienfaisantes occupations pendant les loisirs de sa vie.

Nous le voyons d'abord se mettre à la tête de l'institution charitable qui prit sous sa tutelle les veuves et les orphelins des chevaliers de Saint-Louis.

Le conseil général des hospices ne tarda pas à l'appeler dans son sein ; et quel administrateur pouvait comprendre mieux que lui les malheurs et la misère du pauvre, l'abandon et le dénûment de la veuve et de l'orphelin ? Chacun des membres s'était chargé de la surveillance d'une de ces maisons où la maladie reçoit les secours de l'art, où la vieillesse trouve un refuge qui lui permette de couler en paix les derniers jours d'une vie laborieuse et de privations ; le duc de Doudeauville se chargea de l'hôpital de la Pitié, de l'hôpital Necker et de l'hospice de Larochefoucauld, que sa bonne et respectable mère avait ouvert, à Montrouge, aux indigents et aux infirmiers devenus incapables par l'âge ou les infirmités de continuer leur service dans les hôpitaux.

Toutes les associations philanthropiques se disputent l'honneur de le posséder. Sous sa direction, la Société philanthropique, véritable succursale, pour ne pas dire le modèle des bureaux de bienfaisance, fait visiter les malades, leur distribue des médicaments pendant leur maladie, et des aliments pendant leur convalescence, et substitue à l'usage imprudent des secours en argent des distributions en nature, de chauffage et de vêtements pendant l'hiver, et d'aliments en toute saison.

Mais les malheureux ne sont pas tous dans les hôpitaux ; il en est dans les cachots, il en est qui languissent dans les prisons. Le duc de Doudeauville ne reste pas insensible à ces autres genres de malheurs ; la *Société royale des prisons* le compte au nombre de ses fondateurs. Il visite alors ces demeures du crime et du remords ; il porte des consolations à ceux qui, gémissant loin de leur famille, manifestent le repentir et promettent de réparer une erreur, un crime même, qu'un entraînement involontaire leur a fait commettre ; il assainit leurs demeures, porte des améliorations dans leurs aliments, dans leurs traitements ;

cherche à ramener par le travail et de sages enseignements les inclinations vicieuses des plus endurcis. Il visite les jeunes détenus, et médite sur les dangers de laisser dans l'oisiveté une réunion nombreuse de ces enfants, dont les moins coupables auraient bientôt fait l'apprentissage du vice ; il veut qu'une partie de leur journée soit employée à l'apprentissage de certains métiers, et que les premières heures du jour soient consacrées à leur donner, au sein d'une école primaire, une instruction morale et religieuse ; il se préoccupe du sort de ces pauvres enfants quand ils seront rendus à leur famille. Que deviendront-ils ? qui continuera envers eux le bienfait de l'habitude du travail qu'on leur aura fait contracter ?

Le bon duc de Doudeauville apprend qu'au sein de la *Société de la morale chrétienne* existe un comité qui prend sous sa protection les jeunes libérés, et qui se charge de les mettre en apprentissage et de surveiller leur conduite ; vite il veut contribuer à cette bonne œuvre d'un nouveau genre, et cette Société le compte au nombre de ses membres les plus zélés.

Vous dire, Messieurs, qu'il ne sortait jamais de ces demeures de la souffrance, de la misère ou du vice sans y laisser des traces de son passage, ce serait vous dévoiler les secrets de sa charité, et nul ne fut plus discret que lui sur ce point ; il n'était pas du nombre de ces heureux du siècle, de ces philanthropes de nom, qui calculent d'avance ce que leur rapportera de réputation ou d'éloges une œuvre pieuse ou charitable. Les feuilles quotidiennes n'enregistraient pas ses aumônes ; il faisait le bien par amour pour le bien.

Nous avons suivi le duc de Doudeauville dans tous les établissements de bienfaisance où le malheur, la misère réclament les remèdes du corps ou le pain de la vie ; mais il est d'autres secours dont l'homme a besoin ; et qui mieux comprit ces besoins que cet homme charitable, généreux, hospitalier ; lui qui, dans ses visites aux prisons, s'était aperçu que la plupart des malheureux frappés du châtiment de la justice étaient, pour la plupart, plongés dans une ignorance profonde ; qu'ils n'avaient pas même les premières notions de lecture, d'écriture, de calcul? Il comprit alors la cause de tant d'oubli de ses devoirs, de tant d'immoralité ; il vit à nu la plaie hideuse de l'ignorance, et il devint un des plus zélés partisans de la propagation de l'instruction primaire.

Déjà le besoin de cette instruction pour les classes indigentes se faisait sentir plus que jamais, et le ministre Carnot avait formé auprès de lui une commission, au sein de laquelle furent appelés M. le comte *Alexandre de Laborde*, MM. *l'abbé Gaultier, J.-B. Say* et *Jomard* (1). « Témoins des résultats « avantageux que l'Angleterre retirait déjà des nouvelles éco- « les établies dans son sein, sur le principe heureux qui appelle « les enfants à s'enseigner les uns aux autres, et d'après des « règles de discipline éminemment propres à former toutes les « habitudes vertueuses, » ces premiers apôtres de l'enseigne- ment mutuel avaient conçu la pensée grande et toute nationale de faire jouir leur pays du bienfait de cette méthode, et, profi- tant des dispositions favorables des esprits et du gouvernement pour la restauration et la propagation de l'instruction primaire, ils avaient communiqué leur projet à la Société d'encourage- ment pour l'industrie nationale dans sa séance du 1er mars 1815.

Ce projet avait été accueilli, comme il ne pouvait manquer de l'être, par une Société qui, depuis quarante-deux ans, n'a négligé aucune vue utile au développement de l'industrie agri- cole et manufacturière ; elle souscrivit aussitôt pour une somme de 500 fr.

L'exemple de cette utile et généreuse association fut bientôt suivi, et une affluence considérable de souscripteurs apparte- nant à tout ce que la société française comptait d'hommes éclai- rés, et placés au premier rang par leur position sociale, se pré-

(1) *Journal d'Éducation*, année 1815, pag. 9.

sentèrent pour concourir à ce nouveau genre de conquête, toute de civilisation, l'instruction sur l'ignorance.

De ce nombre, comme vous le pensez bien, Messieurs, fut le duc de Doudeauville. Ami intime et compagnon d'exil du bon et vénérable abbé Gaultier, dont il appréciait la sagesse profonde, les vues éclairées et le patriotisme, il n'avait pas hésité un seul instant à le seconder dans une entreprise qui n'avait rien moins pour objet que de régénérer la France en répandant sur les populations les lumières de l'instruction.

Ce fut ainsi, Messieurs, qu'il devint un des fondateurs de la Société pour l'instruction élémentaire, et l'un de ses plus zélés défenseurs dans les moments de lutte et de persécution.

Et, comme il le dit lui-même dans son discours d'ouverture de votre assemblée générale du 4 mai 1834, « Membre de la So- « ciété d'enseignement mutuel depuis mon arrivée en France, « et depuis bien des années l'un de ses présidents honoraires, je « peux mieux qu'un autre apprécier le zèle de cette Société, « les services qu'elle a rendus et le genre d'instruction qu'elle a « adopté (1). »

Au 3 novembre 1815, il était appelé par M. le comte de Chabrol, alors préfet de la Seine, à faire partie du conseil d'instruction primaire, à l'hôtel de ville, avec MM. *le duc de Larochefoucauld de Liancourt, le comte Pastoret, le baron de Gérando, le comte de Laborde, le comte de Lasteyrie, le baron Delessert, le vicomte Matthieu de Montmorency, Camet de La Bonnardière, Jomard et l'abbé Gaultier* (2). Ce conseil d'instruction primaire, Messieurs, sanctionné par M. de Vaublanc, alors ministre de l'intérieur, fit jusqu'à l'année 1833 les fonctions que remplit aujourd'hui avec tant de dévouement le Comité central d'instruction primaire, qui lui succéda immé-

(1) Voir ce discours dans le *Bulletin de la Société pour l'instruction élémentaire*, année 1834, pag. 151.

(2) Voir le *Journal d'Éducation*, année 1815, pag. 155.

diatement après la promulgation de la loi du 28 juin 1833.

Bientôt toute la société intime du duc de Doudeauville s'empresse de grossir la liste de vos souscripteurs. La duchesse de Duras, le comte de Greffulhe, le duc de Broglie, le comte d'Harcourt, le vicomte de Chateaubriand, le marquis de l'Aigle, et tant d'autres dont vous avez conservé le souvenir, suivent à l'envi l'exemple de celui qui méritait à un si haut degré leur estime et leur affection.

Le duc de Doudeauville avait fondé à Montmirail, comme nous l'avons déjà dit, une école mutuelle pouvant contenir 180 élèves ; 100 enfants y étaient déjà bien instruits, et 60 y suivaient les leçons, *à leur satisfaction et à celle de leurs parents* (1). Déjà, en août 1816, il avait conseillé à MM. les officiers de la marine de Rochefort l'établissement d'une école pour les enfants des marins, et cette école, établie selon ses vœux, fut suivie d'une nouvelle école en juin 1819. Madame la duchesse de Duras voulut en établir une à Paris, et 150 élèves, toujours au complet, reçurent l'instruction pendant 12 ans à ses frais, dans un emplacement on ne peut mieux choisi, rue de Fleurus, jusqu'au jour où la ville de Paris la reçut au nombre de ses écoles communales. Non contente d'avoir établi une école mutuelle à Paris, madame la duchesse de Duras en fonda encore une autre à Vichy, en emmenant avec elle un moniteur général de son école de Paris.

M. le comte de Greffulhe en fit autant à Nangis. Ainsi l'impulsion donnée par le bon duc de Doudeauville ne s'est pas ralentie, et la nouvelle méthode se répandit à Paris et dans les départements, non pas à la satisfaction de tout le monde, il est des esprits timorés qui craignent toujours les innovations, et par-dessus tout la propagation de l'instruction dans les masses, mais à la grande joie des hommes éclairés, qui comprenaient

(1) Voir la lettre du duc de Doudeauville, même journal, année 1816, pag. 330.

que la première dette qu'un gouvernement doive acquitter envers la nation, c'est celle d'une instruction gratuite, sagement répartie et appropriée à ses besoins.

J'oublie de vous dire, Messieurs, qu'au 6 mai 1817 il obtint du conseil général du département de la Marne une somme de 1200 fr. pour l'établissement d'une école mutuelle à Châlons.

Suivez-le maintenant dans votre Société depuis son origine jusqu'au 4 juin 1840, où il présida pour la dernière fois votre assemblée générale. Il était l'un de vos présidents honoraires depuis le 7 février 1816 (1), et il partagea pendant quelque temps cette fonction avec MM. le comte de Chabrol, préfet de la Seine ; le vicomte de Montmorency, le duc de Larochefoucauld-Liancourt, le duc de la Vauguyon, et le maréchal duc de Tarente, grand chancelier de la Légion d'honneur (2).

La même année, vous le chargiez de la composition de votre comité des dames, dont madame la duchesse de Duras fut élue présidente (3).

En février 1818 (4), il dota nos écoles d'un petit livre plein d'intérêt, d'une instruction toute populaire, *Simon de Nantua*, dont l'auteur, M. Laurent de Jussieu, reçut de vous une médaille d'or sur le rapport du duc de Doudeauville.

Le 1ᵉʳ juillet 1820 (5), il présida le jury chargé par M. le préfet de la Seine de juger du mérite des instituteurs qui s'étaient présentés au concours pour la place vacante de professeur à l'école normale d'enseignement mutuel. Membre du jury d'examen des élèves-maîtres pour le cours des hommes, et des élèves-maîtresses pour les institutrices, il a contribué avec

<hr>

(1) Voir le *Journal d'Éducation*, année 1816, pag. 564.
(2) Voir vol. VII, pag. 560.
(3) Voir le *Journal d'Éducation*, juin 1816, pag. 150.
(4) *Idem*, février 1818, pag. 285.
(5) *Idem*, juillet 1820, pag. 207.

ses collègues, à diverses époques (1), à répandre à Paris et dans les départements les premiers propagateurs de la méthode mutuelle, et a laissé d'excellentes traditions aux membres qui lui ont succédé, et qui sont heureux de posséder encore à leur tête M. Jomard, la tradition vivante des premiers et excellents errements de votre Société.

Lisez les divers discours que le duc de Doudeauville prononça dans les assemblées générales (2), où vous l'appelâtes tant de fois à l'honneur de vous présider, et vous comprendrez cómbien étaient justes les paroles de notre illustre président, M. Dupin aîné, qui, il y a trois ans, à la place même qu'il occupe aujourd'hui, disait, en parlant du vénérable duc, que le mauvais état de sa santé avait empêché de venir occuper le fauteuil : « Nul ne méritait autant que lui de paraître à la tête de « cette assemblée, qui, dès son origine, en 1815, fut heureuse « de rencontrer son patronage. Et, en vérité, quel autre nom « s'est jamais trouvé associé à plus d'actes de bienfaisance ? « Par qui notre Société naissante, en butte à tant d'injustes « attaques, aurait-elle été plus efficacement défendue que par « cet homme illustre autant que modeste, dont la vertu obtint « le rare bonheur, alors même qu'il était ministre, de n'être « contestée par aucun parti (3) ?... »

Conséquent dans sa conduite comme dans ses principes, le duc de Doudeauville veut que l'instruction se répande partout où elle est utile ; à ceux que la nature a doués de toutes les qualités nécessaires pour la recevoir avec fruit comme à ceux à qui, moins libérale, elle a refusé le don précieux de la parole,

___

(1) MM. l'abbé Burnier-Fontanelle, Basset, Bailly, Maine de Biran, vicomte Matthieu de Montmorency, Camet de la Bonnardière, Jomard, colonel Coutelle et baron de Gérando.

(2) Le 16 avril 1817. — 5 février 1820. — 28 mars 1821. — 50 juillet 1825. — 20 avril 1828. — 17 mai 1829. — 22 juillet 1852. — 4 juin 1840.

(3) *Bulletin de la Société*, année 1839, pag. 151.

celui d'entendre, et la faculté plus précieuse encore de jouir de
la vue des personnes qui nous sont chères. Aussi favorisa-t-il
de tout son crédit l'institut des sourds-muets et celui des jeunes
aveugles, qu'il surveillait et protégeait, en sa qualité de membre du conseil d'administration de ces utiles établissements.

La Société de géographie, qui vient de faire une perte si
cruelle, si inopinée, dans la personne du contre-amiral Du-
mont-Durville, l'une de ses colonnes, l'une de ses illustrations,
et qui avait si bien mérité de tous les amis de la science ; cette
Société, dis-je, le comptait aussi au nombre de ses membres,
et lui paya un juste tribut d'éloges et de regrets par l'organe de
M. Roux de Rochelle, l'un de ses membres.

L'*industrie*, comme j'ai eu l'honneur de le dire plus haut,
Messieurs, devait être le complément nécessaire de l'instruction sagement répandue sur les masses ; c'est pour les rendre
artisans honnêtes et intelligents que l'instruction leur est donnée ; l'industrie devait donc aussi trouver aide et protection
dans le vénérable duc de Doudeauville. Aussi l'avons-nous vu
d'abord membre de cette Société d'encouragement pour l'industrie nationale, qui avait compris que l'amélioration des écoles du peuple dans les villes et dans les campagnes pouvait
exercer l'influence la plus salutaire sous le rapport du développement de l'industrie agricole et manufacturière ; puis président
du conseil de perfectionnement du Conservatoire des arts et
métiers, partager avec des savants, des hommes spéciaux, la
tâche honorable de concourir aux progrès de notre industrie ;
l'un des fondateurs du cercle agricole, contribuer par ses con-
seils et son expérience aux améliorations à introduire dans la
culture d'un grand nombre de départements de la France ;
enfin, par cet esprit de justice et d'équité qui perçait dans toutes
ses actions, recevoir les suffrages unanimes pour la présidence
du jury central appelé à juger, en 1823, du mérite des pro-
duits industriels envoyés à l'exposition.

Ce fut ainsi, Messieurs, que le vénérable duc de Doudeauville occupa ce qu'il appelait les loisirs de sa vie privée, et ce que nous pourrions à bon droit appeler les occupations d'un homme laborieux et infatigable, dont tous les instants sont comptés et marqués par une bonne action. Aussi ne regarderons-nous comme sa vie privée proprement dite que celle qu'il passa, à diverses époques, au milieu des siens, retiré du bruit et des importunités de la ville, et partageant son temps entre la pratique des devoirs de la religion et ces petits soins domestiques si précieux pour lui et pour sa bienheureuse famille, qui ne le possédait jamais assez au gré de ses désirs.

C'est dans sa retraite qu'il s'occupe à consigner en vers ses souvenirs et ses regrets ; c'est là que, censeur indulgent, il critique dans des satires ou des épigrammes, mais sans fiel, sans amertume, les vices et les travers de son temps ; c'est là qu'au milieu de ses parents et de ses amis, il aime à se rappeler le bon vieux temps. Il compose des couplets pour leur fête, chante en vers les louanges de la Providence, et fait bénir son nom par tous les habitants de Montmirail, qu'il comble de bienfaits.

Une vie si pleine, si occupée, qui lui avait présenté l'alternative de tant de pures jouissances et de si amers regrets, avait nécessairement influé sur sa santé ; aussi songeait-il sérieusement, pressé par les instances de sa famille, à s'occuper un peu de soi, lui qui s'était consacré tout entier aux autres.

Un mal violent, qu'il supporta avec tant de courage et de résignation le força longtemps à garder le lit. En 1839, il avait subi, avec une patience tout à fait angélique, trente-six fois l'opération de la lithotritie. Son docteur disait *qu'il trouvait dans son pouls le calme de son âme.* Ce calme venait de la pureté de sa conscience, de sa ferme confiance dans les décrets de la Providence. Les opérations ayant réussi, il se sentit soulagé, et crut à sa guérison. Comme ses amis l'en félicitaient, il leur dit, toujours à l'aide des rimes :

A mon grand calme on doit, dit-on avec raison,
De ce long traitement la prompte guérison ;
Et je le dois, ce calme, à la bonté céleste ;
J'ai fait quelques efforts, Dieu seul a fait le reste.

Il partit alors pour Montmirail, afin d'y achever sa convalescence. Quelles furent ses émotions quand il reparut sur cette terre dont il était le bienfaiteur ! Tout le pays bordant la route était venu à sa rencontre ; le mauvais temps, la pluie, qui tombait en abondance, n'avait été un obstacle pour aucun de ces bons villageois, qui s'empressaient sur les pas de leur bienfaiteur, de leur père. Il en fut ému jusqu'aux larmes, et, dans une de ses lettres familières que je voudrais pouvoir vous mettre sous les yeux, il exprime, avec la candeur et la naïveté d'un homme qui ignore tout ce qu'il vaut, la joie et le bonheur que lui causa une réception si spontanée, et qui peignait si bien la reconnaissance dont il était l'objet.

Il revint passer l'hiver à Paris, où, malgré la faiblesse de sa santé, il voulut reprendre le cours de ses occupations de prédilection, de ses œuvres de bienfaisance ; mais ses forces physiques ne répondaient plus à l'activité de sa belle âme. Il retourna à Montmirail au printemps de 1840 ; c'était pour ne plus revoir la capitale. Le mal avait repris son empire. En proie aux plus violentes douleurs, il sembla les oublier pour ne penser qu'aux siens, qu'à sa patrie.

Sa profonde et sincère piété lui permit de regarder la mort en face sans la braver, sans la craindre ; et dans la multitude des pensées diverses qu'il jetait sur le papier au plus fort même de ses souffrances, nous trouvons dans ses tablettes ces stances qui le peignent tout entier :

Pour guider nos penchants et calmer nos désirs,
Pensons, pensons souvent, au milieu des plaisirs,
A ce jour solennel, jour heureux ou funeste,
Où tout passe, tout fuit, mais où la vertu reste.

Pourquoi donc redouter la bienfaisante mort,
De nos vices l'effroi, de nos vertus le germe ?
De nos maux, de nos pleurs n'est-elle pas le terme ?
D'un voyage orageux n'est-elle pas le port ?

O mort, dont j'enviai souvent la douce loi ;
Mort que je venge ici de toute ma puissance,
Favorable à mes vœux, pour seule récompense,
Épargne ce que j'aime, et ne frappe que moi.

Et en pensant ainsi à ses derniers moments, il écrivait ce qu'il appelait son *testament de cœur* (1), faisant suite à son épita-

---

(1) Voir la lettre suivante, insérée au journal *la Presse*, 5 juin 1841, et qu'il écrivit la veille du jour où il cessait de vivre :

« Monsieur le rédacteur,

« Je confie ce triste écrit à votre obligeance, plus d'une fois éprouvée et toujours appréciée.

« L'indulgente bonté de mes concitoyens m'a appelé à Paris et dans mondépartement à plus de trente places ; on a même daigné m'admettre dans des sociétés savantes d'Amérique, de Danemark, etc.

« Prêt à les quitter ainsi que la vie, je ne peux garder le silence ; et, dans l'état où je suis, je ne puis témoigner à chacun ma vive gratitude, sentiment si doux, si sacré pour moi.

« J'ai donc recours aux journaux qui m'ont toujours témoigné tant de bienveillance et que je ne fatiguerai plus.

« J'exprimerai en même temps cette reconnaissance à bien d'autres ; ce sont mes dernières paroles, on me les pardonnera.

« Cette reconnaissance doit être, et elle est bien étendue ainsi que sa manifestation.

« Elle est pour les sociétés qui m'ont constamment montré tant d'intérêt.

« Elle est pour toutes les classes, pour tous les partis, pour toutes les opinions dont l'indulgence m'a sans cesse vivement pénétré.

« Elle est pour tous les hommes en place qui, depuis 1830, me sachant vieux royaliste, mais voyant en moi un ami véritable de son pays, ont généreusement secondé mes faibles efforts pour être utile ; car être utile a toujours été ma passion dominante en maladie comme en santé.

phe (1), dont nous reproduirons ici quelques fragments que nous empruntons toujours à ses tablettes :

> A ce trépas peu glorieux,
> Je saurai trouver quelques charmes,
> Si ma famille de ses yeux
> Doit laisser couler quelques larmes ;
> Si ma femme ainsi que mon fils
> Pensent, en déplorant ma perte,
> Voir un de leurs meilleurs amis
> Dans la tombe qui m'est ouverte ;
> Si des parents, des amis vrais,

« Elle est, cette reconnaissance pour mon excellente famille, pour mes sensibles amis, nommément de l'Abbaye-aux-Bois.

« Pour le dévouement éclairé du docteur May Simen et pour mes zélés serviteurs.

« Charles X me disait un jour, à ma grande surprise, je l'avoue : Vous avez de l'ambition, beaucoup d'ambition....., celle de faire le bien ; et il ne se trompait pas.

« Elle a été le roman de ma vie, comme je voudrais qu'elle en eût été l'histoire. J'ai toujours offert à Dieu ma vie pour la religion, qui constamment a été ma force et ma consolation.

« Pour ma famille, source de toutes mes affections et cause de toutes mes jouissances ; pour mon pays, objet de mon attachement et de mes vœux.

« Je l'offre encore de toute mon âme, *en ces derniers moments*, à ce Dieu qui m'a toujours comblé de ses dons, et je meurs tranquille, reconnaissant et digne d'envie en répétant la fin de mon épitaphe, composée par moi il y a quelques années :

> « Mon simple et seul désir, peut-être un peu trop beau,
> « Est que l'on puisse un jour mettre sur mon tombeau :
> « *Sans talents distingués, sans exploits qu'on renomme,*
> « *Mais chrétien et Français,* CI-GIT UN HONNÈTE HOMME.
>
> « Le duc DE DOUDEAUVILLE. »

(1)   « Montmirail, 21 août 1840.

« Monsieur le rédacteur,

« Désirant toujours être bien connu de mes compatriotes, si bienveillants pour moi, je me permets, dans ces circonstances difficiles, cette profession de foi ; elle

En se rappelant ma tendresse,
Expriment de touchants regrets,
Montrent une aimable tristesse ;
Si mes excellents serviteurs,
Dont tant je voudrais le bien-être,
Dans le nombre de leurs malheurs
Comptent la fin de leur vieux maître ;
Si l'homme d'honneur et de bien
Parle de moi comme d'un frère ;
Si l'infortuné qui n'a rien
Croit en moi perdre un second père ;
S'il peut échapper un soupir
Du sein d'un enfant, d'une mère
Dont j'aurai tâché d'adoucir
Ou la douleur ou la misère ;

prouvera qu'il n'est plus question d'opinion en France lorsqu'il s'agit d'honneur et de patrie, comme l'imprimait dernièrement, à mon sujet, mon fils, qui me connaît autant qu'il m'aime. C'est, je l'espère, un moyen d'empêcher la guerre, en prouvant aux souverains éclairés qu'elle ne leur serait pas aussi facile que peut-être ils le croient. D'ailleurs, bien malade, c'est une espèce de testament politique.

« J'ai été royaliste depuis que j'existe ; je le serai jusqu'à ce que je meure, mais constamment bon et loyal Français.

« En 1792, je quittai les Autrichiens et les Prussiens, voyant qu'ils voulaient envahir mon pays au lieu de le secourir, comme ils l'avaient annoncé d'abord.

« Pendant le règne de Napoléon, j'ai été plus enthousiaste qu'un autre de ses victoires.

« N'ayant, comme on veut bien le dire, que l'ambition du bien, je n'acceptai alors que la place de membre du conseil général de mon département, que j'ai toujours occupée depuis cette époque.

« En 1827, je donnai à l'instant ma démission de la place la plus enviée pour tâcher d'empêcher la dissolution aussi injuste que fausse de la garde nationale de Paris.

« En 1828 ou 1829, je conseillai à Charles X de nommer un ministère sage à la tête duquel eût été Casimir Périer.

« Il y a quatre ou cinq ans, dans la seule lettre que j'écrivis à ce bon roi, pour lui faire connaître la vérité, je lui mandai : *Sire, j'ignore les vues de la Providence sur votre auguste petit-fils ; il ne peut régner ni par les étrangers, ni par les conspirations, mais par l'opinion seule.* On devine si je pense de même.

« J'ai gémi profondément en 1830 de l'expulsion d'excellents princes, trop peu

Si ceux qui connurent mon cœur
Peuvent m'accorder la justice
Que rendre heureux fut mon bonheur,
Et mon plaisir (1) rendre justice ;
Si l'on dit : Par sa bonne foi,
Par son amour pur et sincère
Pour son Dieu, son pays, son roi,
Il fit quelque bien sur la terre,
Et fidèle à tous ses serments,
Fuyant les succès populaires,
Par sa vie et ses sentiments
Il n'a pas fait rougir ses pères ;
Enfin sur mon simple tombeau
Si l'on peut, sans faits qu'on renomme,
Mettre l'éloge assez nouveau :
« PASSANT, CI-GIT UN HONNÊTE HOMME. »

Son patriotisme, qui ne s'est jamais démenti jusqu'au dernier jour de sa vie, faisait taire aussi quelquefois ses douleurs ;
et quand les feuilles publiques qu'il recevait tous les matins
dans sa retraite lui eurent fait croire que la paix de l'Europe

appréciés. On peut voir à présent si j'avais tort. D'autres en gémissent maintenant
aussi, peut être même ceux qui ont été appelés à les remplacer.

« Ces sentiments, exempts d'intrigues, d'égoïsme, et, je l'espère, vraiment
français, sont ceux de beaucoup de mes semblables, nommément de tous ceux qui
m'entourent.

« Pour les montrer autrement que par des phrases, j'offre, malgré les pesantes
charges de quatre générations, 10,000 francs pour la guerre générale, si malheureusement elle a lieu *d'ici à un an* ; plus tard, vraisemblablement, je ne serai
plus.

« Je me flatte d'être assez connu pour qu'on ne se méprenne pas sur les intentions d'un vieux royaliste toujours ami de son pays.

« Je fais des vœux ardents pour la paix ; elle est aussi désirable pour l'Europe
que pour la France, car qui peut prévoir le terrible embrasement que produirait
la première étincelle ?

« J'ai l'honneur, etc.

« Le duc DE DOUDEAUVILLE. »

(1) Allusion à la devise des Larochefoucauld.

pouvait être troublée, il s'empressa de manifester ses vrais sentiments dans une lettre qu'il qualifie de *son testament politique* (1). « Ces sentiments, dit-il, exempts d'intrigues, d'é-
« goïsme, et, je l'espère, vraiment français, sont ceux de beau-
« coup de mes semblables, nommément de tous ceux qui m'en-
« tourent.

« Pour les montrer autrement que par des phrases, j'offre,
« malgré les pesantes charges de quatre générations, 10,000 fr.
« pour la guerre générale, si malheureusement elle a lieu *d'ici*
« *à un an;* plus tard, vraisemblablement, je ne serai plus.

« Je me flatte d'être assez connu pour qu'on ne se méprenne
« pas sur les intentions d'un vieux royaliste toujours ami de son
« pays.

« Je fais des vœux ardents pour la paix ; elle est aussi dési-
« rable pour l'Europe que pour la France; car qui peut prévoir le
« terrible embrasement que produirait la première étincelle ? »

C'était au 21 du mois d'août 1840 qu'il écrivait cette lettre mémorable que toutes les feuilles quotidiennes ont reproduite ; il sentait qu'il n'avait plus longtemps à vivre. *D'ici à un an,* disait-il ; *plus tard, vraisemblablement, je ne serai plus ;* et en effet, dix mois après, le 2 juin 1841, âgé de 77 ans, il avait remis à Dieu son âme, aussi belle, aussi pure qu'il l'avait reçue.

Vous peindrai-je, Messieurs, la douleur et les larmes des habitants de Montmirail et des cantons environnants ? Pendant quatre jours ses restes mortels, déposés dans une chapelle ar-dente, sont l'objet de pieux pèlerinages ; chacun veut dire un dernier adieu à celui en qui l'*illustration de la famille semblait s'effacer sous l'illustration des vertus. Chaque malheureux a perdu un père, chaque famille un admirable modèle, la France un de ses titres d'honneur* (2)!

<hr>

(1) Voir page 35, sa lettre du 21 août 1840.
(2) M. Camille Paganel (*Moniteur,* 4 juin 1841).

Homme de conviction, il croyait au dévouement, à la conscience, à la sincérité des convictions d'autrui. Il était du petit nombre de ceux qui, même dans les temps difficiles, comprennent que l'honneur, la probité, la vertu peuvent se rencontrer dans tous les partis; et jamais, en aucun temps, il ne blessa les convictions politiques ou les croyances religieuses qu'il ne partageait pas.

Commandeur de l'ordre du Saint-Esprit, chevalier de l'ordre royal et militaire de Saint-Louis, officier de la Légion d'Honneur et grand d'Espagne de première classe, il aurait pu joindre à tous ces titres, à ces insignes qu'il honorait autant qu'il en était honoré, les insignes non moins illustres d'une piété profonde et éclairée, et du patriotisme le plus sincère, si parmi nous *la piété* et *le patriotisme*, ces deux grandes vertus, avaient aussi leur décoration. —

Ainsi naquit, vécut pendant soixante-dix-sept ans et mourut cet homme de bien qui se faisait excuser (1) quand il ne pouvait venir partager vos travaux, qui, fidèle à vos principes comme à son prince et à sa patrie, s'est fait gloire d'avoir marché avec vous pendant vingt-cinq ans dans la route qu'il vous avait ouverte, et d'avoir contribué toujours, et autant qu'il a été en son pouvoir, à l'amélioration et à la propagation de l'instruction élémentaire. Puisse-t-il avoir longtemps et toujours parmi nous de fidèles et nombreux imitateurs !

(1) Voir le *Bulletin de la Société*, année 1859, page 257.